Cornelia Labandowsky

Cognitive Rebalancing

Neuer Therapieansatz, der das alte Heilwissen der Drawidinnen mit modernen psychotherapeutischen Verfahren kombiniert

Meinen SchülerInnen und LehrerInnen gewidmet,
in liebevoller Dankbarkeit.

Cornelia Labandowsky

Cognitive Rebalancing

Neuer Therapieansatz, der das alte Heilwissen der Drawidinnen mit modernen psychotherapeutischen Verfahren kombiniert

Impressum
Copyright und für den Inhalt verantwortlich:
Cornelia Labandowsky
IGH Sonnenhof
Institut für ganzheitliche Heilverfahren
Holm 5
24376 Hasselberg
www.igh-sonnenhof.de

Lektorat: Dr. Gabriele Schweickhardt, Frankfurt/M.

Bibliografische Information der Deutschen Nationalbibliothek:
Die Deutsche Nationalbibliothek verzeichnet diese Publikation in der Deutschen Nationalbibliografie; detaillierte bibliografische Daten sind im Internet über http://dnb.dnb.de abrufbar.

© 2015 Cornelia Labandowsky

Herstellung und Verlag: BoD – Books on Demand, Norderstedt

ISBN: 978-3-7347-7527-7

Inhaltsverzeichnis

Was versteht man unter Cognitive Rebalancing? 7

Wie funktioniert Cognitive Rebalancing? 9

Die verschiedenen Elemente des Cognitive Rebalancing 20

    Die Drawidische Ayur-Veda: eine ganzheitliche Therapie 20

    Das Symptom: Fehlgeleitete Energie 27

    NLP – Neurolinguistische Prozessarbeit: Den Weg zum eigenen Ziel finden 32

        Die 7 Ebenen 35

        Timeline 39

    Systemische Strukturaufstellung: Die Mauer der Verstrickungen bröckelt 41

    Hilfsmittel aus der Kinesiologie 46

    Homöopathie und Ausleitverfahren 48

        Homöopathie 48

        Ausleitverfahren 50

    Hypnose 51

Diagnostik 61

Cognitive Rebalancing in der Praxis 64

    Therapie der körperlichen Symptome 64

Exkurs: Quellen der Krankheit 69
Beispiel: Der falsche Beruf als Quelle der Krankheit 69
   Barrierenbildung 74
Das neue Ziel 78
Zum Nachlesen 81
Über die Autorin 84

Was versteht man unter Cognitive Rebalancing?

Cognitive Rebalancing ist eine Therapieform, die ich in meiner langjährigen Arbeit in den Bereichen Ayur-Veda, neurolinguistische Prozessarbeit (NLP), Hypnose und systemische Aufstellungen erarbeitet und über die Jahre weiter verfeinert habe. Grundlage dieser Therapieform ist – neben anderen Methoden – die Lehre der Drawidischen Ayur-Veda (die Drawiden sind Ureinwohner Indiens), in der ich tief verwurzelt bin. „Cognitive" bezieht sich auf die Erkenntnis der Ursachen einer Krankheit, die auch bei den Drawidinnen Voraussetzung für die Behandlung ist. „Rebalancing" deutet auf das Ziel dieser Behandlung hin, dem Patienten zurück in sein ursprüngliches (oder sogar in ein neues) Gleichgewicht zu verhelfen.

Der Grundgedanke der Drawidischen Ayur-Veda, nämlich dass Gesundheit immer auf dem Gleichgewicht von Körper, Geist und Seele basiert, ist also auch die Basis für das Cognitive Rebalancing. Ich therapiere dabei stets die Ursachen der Krankheit; die Symptome verschwinden im Laufe dieser Ursachenforschung (Ayur-Veda setzt die Behandlung der Ursachen mit der Suche danach gleich) entweder sowieso, oder ihre Linderung wird durch Homöopathie, Akupunktur und Ausleitverfahren unterstützt. Wichtig ist es, dem Patienten aufzuzeigen, warum er ein Symptom hat und was er selbst tun kann, um sein Problem zu lösen. Er soll dabei unterstützt werden, auch ganz neue Wege in seinem Leben einzuschlagen, um so in einem inneren Gleichgewicht leben zu können. Das Symptom ist dabei immer eine Art Signal des Körpers, dass ein Ungleichgewicht vorherrscht. Wird dieses Signal übersehen, so wird sich der Körper ein stärkeres „ausdenken", bis, ja bis gesundheitlich etwas Einschneidendes passiert.

Für das Cognitive Rebalancing gilt ebenso wie für die Drawidische Ayur-Veda, dass es keine festgelegten Therapiepläne für bestimmte Erkrankungen gibt. Jeder Mensch und jede Erkrankung ist einzigartig, also muss auch die individuelle Therapie einzigartig und speziell zusammengestellt sein.

Wie funktioniert Cognitive Rebalancing?

Diese Therapieform, die ich kreiert habe, setzt sich aus Elementen folgender vier Behandlungsformen zusammen:

- Drawidische Ayur-Veda
- NLP
- Systemische Strukturaufstellung
- Hypnose

Zum besseren Verständnis gehe ich später auf diese Therapien noch im Einzelnen ein.

Nur durch das Zusammenspiel dieser vier Elemente kann das Cognitive Rebalancing wirklich effektiv zum Wohle des Patienten eingesetzt werden. Es bedarf intensiver Ausbildung in allen genannten Disziplinen, um wirklich mit dieser Technik arbeiten zu können. Ich werde an Beispielen aus meiner Praxis erläutern, wie die verschiedenen Therapien verzahnt sind, worauf es ankommt und wie sie wirken.

Das Cognitive Rebalancing verläuft in mehreren Schritten:

- Beobachtung
- Diagnose
- Therapie
- Zielfindungsprozess
- Barrierenabbau

Die Behandlung beginnt also schon mit einer genauen **Beobachtung** bei der ersten Kontaktaufnahme. Bereits die Antwort auf die Frage, wer telefonisch den Termin vereinbart, ergibt ein erstes Puzzleteil. Bei Kindern oder Ehemännern rufen oft die Mütter oder die Frauen an. Habe ich die Person selbst am Apparat, achte ich auf Stimmlage, Sprechgeschwindigkeit, Ausdrucksweise usw.

Auch beim ersten persönlichen Kontakt muss der Patient genau beobachtet werden. Aura, Worte, Sprache, Körperhaltung, eventuelle Nervosität, all dies sind Hinweise auf seinen Zustand – z. B. ob er motiviert ist oder Angst hat –, die man nur noch deuten muss. Im Grunde genügen mir die ersten 3 Minuten, um einen Gesamteindruck von meinem Gegenüber zu bekommen, ohne dass ich mich dabei von Vorurteilen leiten lasse. Der körperliche Ausdruck des Patienten teilt mir mit, was er selbst vielleicht mit Worten (noch) nicht formulieren kann: Wie ist seine Körperhaltung, beugt er sich beim Gehen nach vorn oder nicht, ist eine Seite abgeknickt oder zieht er die Schultern hoch, schaut er geradeaus oder richtet er den Blick von unten nach oben, kann ich an seinen Händen Nervosität ablesen oder verschränkt er die Arme, hält er beim Sitzen die Beine offen oder sind sie von mir weggeschlagen. Techniken aus dem NLP wie Pacen und Leaden (was so viel bedeutet wie mich auf den anderen einzustellen und ihn anzuleiten) helfen mir dabei, die Kommunikation schnell aufzubauen, das Eis zu brechen.

NLP ist beim Cognitive Rebalancing für alle Bereiche der Kommunikation mit dem Patienten maßgeblich. Sprich: es hilft ihm, sich über bestimmte Dinge klar zu werden. Ich setze die Techniken des NLP auch bei der Anamnese und der darauffolgenden **Diagnose** ein. Eine NLP-Technik ist beispielsweise, die Arme auf die Armlehnen des Stuhls zu legen und sich dabei vorzustellen, dass sie miteinander kommunizieren. Der eine ist *für* eine Sache, der andere dagegen. Durch diese veränderte Wahrnehmungsposition wird dem Patienten klar, mit welchem inneren Konflikt er zu kämpfen hat, denn oft ist es so, dass ein Teil in uns etwas will, ein anderer hingegen nicht.

Die **Therapie** der körperlichen Symptome erfolgt mithilfe des Wissens aus der Drawidischen Ayur-Veda. Je nach Krankheitsbild können Entgiftungs- bzw. Ausleitverfahren oder homöopathische Behandlungen, aber auch Akupunktur, Organ- und Phytotherapeutika oder Reflexzonentherapie zum Einsatz kommen. Doch nach der Anamnese steht oft fest, dass es Konflikte im Leben des Patienten gibt: bei der Arbeit, in der Partnerschaft oder in der Familie, in seiner Umgebung. Um an sie heranzukommen, dem Patienten also diese „Baustelle" bewusst zu machen, nutze ich gern Elemente der *Hypnose* (siehe Seite 51 ff.) und Techniken des *NLP* (siehe Seite 32 ff.). Beiden gemeinsam ist, dass der Therapeut nur als Begleiter fungiert, die Antworten gibt sich der Patient selbst, da er sie bereits alle in seinem Unbewusstsein kennt, sie nur durch Schmerz oder Erziehung dorthin verbannt hat. Die Verantwortung für seine körperlichen Symptome, für seinen Körper wird dem Patienten sukzessive zurückgegeben.

Ich darf mir als Therapeut nicht anmaßen, zu wissen, was für den anderen gut ist, besser es kommt aus dem Unbewussten des Patienten (in der Ayur-Veda spricht man nicht vom Unterbewusstsein, sondern vom Unbewussten, denn jede einzelne Zelle des Körpers hat ein eigenes Bewusstsein. Dort ist die Funktion gespeichert und bei manchen auch die verdrängten Erlebnisse) mit seinen eigenen Worten, dann ist es auch für ihn überzeugend.

Jede schmerzhafte Erinnerung wird vom Organismus gespeichert und in Augenblicken eingesetzt, die das Unbewusste für sinnvoll hält. Hat der Patient beispielsweise als Kind eine heiße Herdplatte angefasst, ist er zurückgezuckt – dieses Erlebnis ist gespeichert. Kommt eine ähnliche Situation, dann reagiert er wieder mit Zurückzucken. So passiert es mit allen Dingen, die er erlebt hat. Er hat die Angelegenheit bewertet und gespeichert. Nun gibt es aber Erlebnisse aus der Kindheit, deren damalige Bewertung für einen Erwachsenen nicht mehr passen. Das heißt, er reagiert nicht mehr angemessen oder seine Reaktion schränkt ihn ein. Beispiel: Eine Mutter hat zu ihrem Kind immer wieder gesagt: „Das kannst du nicht", damals aber etwa das Zumachen des Anoraks gemeint. Das Kind hat diesen Satz jedoch auf sein ganzes Handeln bezogen; als Erwachsener hat dieser Mensch nun Angst, seinen Arbeitsplatz zu verändern, da er sich dann in seiner Existenz bedroht fühlen würde. Das ist seine Reaktion auf die frühkindlichen Unsicherheiten.

Anderes Beispiel: Ein Mann traut sich nichts zu, weil er als Kind vom Vater nicht richtig gesehen wurde. Hier wirkt sich das gespeicherte Verhalten einschränkend aus.

Je klarer nun ein Mensch sein heutiges Verhalten betrachten kann und zu beurteilen versteht, umso mehr übernimmt er selbst die Verantwortung und gibt sie nicht ab, wie das die Schulmedizin verlangt: Der Doktor macht dich gesund. Mit dieser Einstellung verhält sich ein Patient passiv, dadurch aber werden seine Selbstheilungskräfte nicht aktiviert.

Mit der *Hypnose* versetze ich den Patienten nur in eine einfache Trance und lasse bei ihm innere Bilder entstehen. Oder wir gehen in den Raum des Unbewussten, und dort tauchen die Erinnerungen in Bilderform auf oder auch als Gefühl. Manchmal hört der Patient auch bestimmte Worte, die ihm wieder etwas bewusst machen.

Beim *NLP* arbeite ich oft mit den logischen Ebenen (siehe Seite 35 ff.), um dem Patienten bewusst zu machen, wo er steht. Dabei sucht er sich 7 farbige Karten aus, die den *7 Ebenen* zugeordnet werden:

1. Umwelt: Wie lebe ich und wo, mit wem u.s.w.?
2. Verhalten: Wie lebe ich?
3. Fähigkeiten: Welche meiner Fähigkeiten setze ich ein und welche nicht?
4. Glaube und Werte: Welche Glaubenssätze habe ich und wie prägen sie meinen Alltag und meine Handlungen? Welche Werte habe ich und wo setze ich sie ein?

5. Identität: Wer bin ich? Und wo lebe ich das, was ich bin? Wie kongruent ist das?
6. Mission: Wo geht mein Weg hin? Und welche Aufgaben habe ich in dieser Welt zu erfüllen?
7. Ziele: Habe ich meine Aufgabe auf dieser Welt gelöst, oder bin ich ihr wenigstens nahe gekommen?

Das nennt man die *logischen Ebenen*. Die Übung führt dazu, dass der Patient sich seiner Situation bewusst wird. Man kann sie auch sehr schön mit Gruppen machen, dabei verändert sich die gesamte Gruppendynamik. Die Leute legen die gezogenen Karten auf den Boden, stellen sich darauf und beschreiben, wie sie sich und was sie jetzt fühlen. In dieser Übung, die eine Form der Trance darstellt (aber mit offenen Augen), beschäftigen sich die Teilnehmer mit ihren inneren Gefühlen, und dadurch werden ihnen viele Dinge bewusst. Es gibt Therapeuten, wie etwa Robert Dilts – einer der Mitentwickler des NLP –, der diese Methode bis ins kleinste Detail ausgearbeitet hat.

Eine zweite Übung ist das *Timeline-Modell*, bei dem je ein Blatt Papier für die Gegenwart, für die Vergangenheit und für die Zukunft auf den Boden gelegt wird. Der Patient stellt sich auf die „Vergangenheit" und geht damit in seiner Vorstellung zum ersten Auftreten seines Symptoms zurück – das seltsamerweise immer ganz klar gespeichert ist; er fügt an dem Punkt gedanklich Ressourcen hinzu, die damals gefehlt haben, und identifiziert das Symptom auf der VAKOG (**v**isuell, **k**inästetisch, **a**uditiv, **o**lfaktorisch, **g**ustatorisch)-Ebene (siehe Seite 33). Dadurch wird das Erleben der Situation ohne das Symptom neu verankert und mit dieser Erfahrung lässt man den Patienten die Gegenwart erleben. Sofort verändert sich seine Wahrnehmung und somit seine Beurteilung.

All diese Techniken führen dazu, dass dem Patienten bewusst wird, welche einschränkenden Muster er gelebt hat. Er erkennt, wodurch er sich befreien und welche Verhaltensmuster er verändern kann.

Ist damit die Hürde des Verdrängens erst einmal überwunden, beginnt der **Zielfindungsprozess**. Der Patient entwickelt langsam und Schritt für Schritt eine neue Strategie oder ein neues Ziel für sich und sein Leben. Das kann eine neue berufliche Herausforderung sein, ein Ortswechsel bis hin zum kompletten Neuanfang, aber vielleicht auch ein neues Hobby, ein Ehrenamt oder Sonstiges. Auch hierbei setze ich wieder *NLP* und *Hypnosetherapie* ein. Stellt sich in dieser Phase der Behandlung heraus, dass akute oder sogar traumatische Geschehnisse das Verdrängen bewirkt haben, arbeite ich mit *Milton-Erickson-Sprache*, aber auch mit *Trance* oder *Wingwave*®.

Nach dieser – ich nenne sie mal kreativen – Phase ist bei den Patienten fast immer dasselbe Phänomen zu beobachten: Sacken die neuen Erkenntnisse, müsste ja nun die Aktion folgen, nämlich tatsächlich etwas in seinem Leben zu ändern. Hier entstehen dann oft **Barrieren**. Menschen scheuen Veränderungen und die damit verbundenen Risiken: Sie wehren sich dagegen, sich zu öffnen! Denn je bewusster ich bin, umso mehr Verantwortung trage ich für mein Handeln und für mein Leben! Diese Verantwortung haben wir aber doch vorher immer so wunderbar bequem an andere abgegeben.

Ich setze an dieser Stelle sehr gern die *systemische Aufstellungsarbeit* ein (siehe Seite 41 ff.), um dem Patienten bewusst zu machen, ob es Verstrickungen gibt. Möchte er seine Fragestellung nicht vor anderen offenbaren (was ja in der Aufstellungsarbeit zwangsläufig geschieht), bearbeiten wir diese Hürden wiederum mit verschiedenen Verfahren aus dem *NLP* oder mit *Hypnose*. Typische Fragen, die der Patient beantwortet oder beantwortet bekommt, sind hierbei:

- Welche Fähigkeiten hast du?
- Wie kannst du sie optimal für dein Leben einsetzen?

Ein Beispiel: Der Patient stellt sich vor, wer alles zu seiner Familie gehört. Dann sucht er sich farbige Zettel aus, die er jeweils einem Familienmitglied zuordnet. Diese Zettel legt er auf den Boden, stellt sich abwechselnd darauf und versucht zu erfühlen, was die jeweilige Person empfindet. Das nennt man im NLP ankern mit Bodenankern. Durch die Konzentration auf die andere Person und die leichte Trance, die dadurch entsteht, entwickelt sich ein energetisches Feld. In ihm geraten verdrängte Teile an die Oberfläche und somit in das Bewusstsein des Menschen. Beispielsweise verhält sich der Patient in bestimmten Situationen ähnlich wie seine Mutter. Doch die Frage ist, ob ihr Verhalten richtig war, sodass er es einfach übernehmen kann, oder ob er besser auf seine eigene innere Stimme hören sollte. Wie sind andere seiner Verhaltensmuster, wo stören sie seine Entwicklung und wo kann er etwas verändern? Bringt er seine Fähigkeiten optimal zur Geltung oder bremst er sich damit?

Wer sich etwas mit der systemischen Aufstellungsarbeit auskennt, weiß, dass hierdurch (und auch durch die eingesetzten Verfahren des NLP und durch die Hypnosetherapie) im Unbewusstsein Prozesse in Gang gesetzt werden, die die obengenannten Abwehrmechanismen ausschalten, die Barrieren werden also Stück für Stück abgebaut, der Weg ist offen für das neue Ziel!

Um dem Patienten langfristig Werkzeuge an die Hand zu geben, die ihn seinen Weg weiterverfolgen lassen, unterstütze ich ihn in einer oder mehreren Abschlusssitzungen noch einmal mit Fragestellungen wie: Wer oder was kann dich für die Zukunft motivieren? Ich zeige ihm, wie er Wege aus der Sackgasse finden kann, und verankere die Motivation und die Erkenntnis, sodass er auch für schwierigere Zeiten gerüstet ist.

Die verschiedenen Elemente des Cognitive Rebalancing

Die Drawidische Ayur-Veda: eine ganzheitliche Therapie

Ayur-Veda ist die klassische indische Heilkunst, nicht zu verwechseln mit der in der westlichen Welt allgemein bekannten und populären Ayurveda. Diese populäre Wellness-Ayurveda – eine Ayurveda, die nur aus Stirngüssen und Wohlfühlmassagen besteht und nicht die philosophischen Aspekte oder Umwelt und Umgebung des Einzelnen mit einbezieht – wurde von Guru Maharishi Mahesh Yogi in den 1980er Jahren zusammen mit indischen ayurvedischen und mit westlichen Ärzten entwickelt, um quasi eine stark komprimierte Form zu vermarkten, die schnell und unkompliziert an westliche Ärzte und Heilpraktiker vermittelt werden konnte. Hieraus machten dann findige Geschäftsleute das, was in Europa und Amerika am Markt unter Ayurveda zu verstehen ist (eben Stirngüsse etc.). „Diese Pseudo-Ayurveda-Formen, die der ehrwürdigen alten Heilmethode in keiner Weise gerecht werden, müssen von der in Indien praktizierten akademischen Ayur-Veda deutlich unterschieden werden" (Brockhaus Infothek, 1999).

Wörtlich übersetzt bedeutet Ayur-Veda „Wissen vom langen Leben". Hierbei steht immer das Wissen um die Ursachen einer Erkrankung im Mittelpunkt. Die Behandlung und die Verhütung von Krankheiten werden im Gegensatz zu unserer westlichen Medizin dieser Ursachenforschung gleichgesetzt, wenn ihr nicht sogar noch mehr Gewicht verliehen wird.

Die **Geschichte** der drawidisch-ayur-vedischen Heilkunst kann über 6.000 Jahre zurückverfolgt werden. Das Charakteristische an dieser Behandlungsform ist, dass sie eine Heilkunst der Frauen war, also das erhaltende Element im Vordergrund stand. Es umfasste bereits sehr früh überliefertes Wissen aus allen medizinischen Bereichen, wie Chirurgie, innere Medizin, Frauen-, Kinder-, Augen-, HNO-Heilkunde, Sexualmedizin, Psychologie, Geriatrie und Toxikologie, und widmete sich außerordentlich intensiv der Gesundheitsvorsorge, denn in Indien wird der Arzt (heute zumindest noch in ländlichen Regionen) nur bezahlt, wenn er verhindern kann, dass eine Krankheit ausbricht. Der integrative Charakter dieser Heilkunst ist besonders auffällig. Zum einen wurden rein Ressourcen aus der nahen Umgebung für die Behandlung verwendet, zum anderen wurde in der Drawidischen Ayur-Veda das Heilen niemals isoliert betrachtet, sondern als Bestandteil des Lebens, der sich auch beispielsweise in der Architektur zeigte. Die Häuser wurden so gebaut, dass Sonne, Wind und Licht für die Heilbehandlungen genutzt werden konnten. So hat man die Dächer einerseits für Heilbehandlungen gewählt – also als Therapieplatz, auf dem man die Kranken etwa in die Sonne gelegt hat –, andererseits in den heißen Perioden dort auch geschlafen und Samen und Früchte getrocknet. Die Gärten rund um die Häuser waren zum Anbau der Heilpflanzen geschaffen, und die Räume waren offen und durchlüftet. Tinkturen, Sirupe und homöopathische Präparate wurden in jeder Familie hergestellt.

Auch wenn Lehre und Philosophie grundsätzlich bestehen blieben, wurde das Heilwissen durch regen Austausch mit Arabern, Chinesen, Japanern und den alten Griechen stets weiterentwickelt. Damit haben heute quasi alle medizinischen Richtungen der Welt ihre Wurzeln in der Drawidischen Ayur-Veda.

Diese ursprüngliche Ayur-Veda war bereits ein ausgeklügeltes Heilkundesystem. Sie geht davon aus, dass körperliche Symptome eine Art Warnsignal sind, das anzeigt, wo der Mensch seine Schwächen hat. Dieses Signal bedeutet uns, auf uns zu achten und unsere bisherige Lebensweise zu überdenken. Dabei geht es für den Einzelnen wesentlich darum, Verantwortung zu übernehmen. Diese Verantwortung wird in unserer heutigen Gesellschaft wie selbstverständlich an den Behandelnden abgegeben. Das ist natürlich unheimlich einfach, allerdings bringt sich der Patient damit um die Möglichkeit, sein Leben wirklich in Bahnen zu lenken, in denen er ein kraftvolles und gesünderes Dasein führen kann.

Es gilt zu betonen, dass mit dem Heilungsweg der Drawidischen Ayur-Veda auf keinen Fall die Schulmedizin abgelehnt wird. Die Anwender der Drawidischen Ayur-Veda nutzen heute vielmehr beide Kanäle. Allerdings steht das Erkennen der Hintergründe für eine Krankheit an oberster Stelle. Erst danach kann der Körper langfristig geheilt werden. Denn die Krankheit zwingt uns, genauer hinzusehen. Werden kleine Symptome ignoriert, so werden im Laufe der Jahre immer stärkere, schlimmere Krankheiten hinzukommen. Dabei unterliegen die körperlichen Symptome – wie auch die seelischen – einer Ordnung. Sie gehen von außen nach innen, von „unwichtigen" zu lebenswichtigen Organen, so beispielsweise von der Haut und den Hautanhangsgebilden wie Fingernägeln oder Haaren zu „wichtigeren" Organen wie Darm und Magen, zum Schluss zum Herzen und zum Gehirn.

Ausgebildete Therapeuten können schwere Erkrankungen wie etwa Schlaganfälle zumeist bis zu ihrem Ursprung zurückverfolgen. Er liegt dann oft in starken Kopfschmerzen, die bereits vor vielen Jahren aufgetreten sind und mit Tabletten als „nur Kopfschmerzen" behandelt und so erfolgreich ignoriert wurden. Später hatte der Patient vielleicht latente Sehstörungen und fühlte sich sinnentleert oder kraftlos. Alle diese Symptome sind Signale des Körpers. Er will uns etwas sagen, aber wir müssen auch zuhören.

Allzu häufig werden durch die Schulmedizin Symptome einfach weggedrückt, das heißt, der Arzt verordnet Antibiotika, damit der Patient ganz schnell wieder gesund wird, ohne dass hinterfragt würde, weshalb er diese Schwäche hatte – ein sehr weit verbreitetes Verhalten. Nur dass sich bei jeder Antibiotikatherapie die Schwachstellen von außen nach innen und von unwichtigen zu wichtigen Organen verlagern. Das erklärt, warum die Krankheiten immer schwerwiegender werden.

Im Indischen sind Heiler Menschen, die aufgrund eigener Erfahrungen selbst vollkommen wertfrei das Gesamtbild des anderen anschauen können und es ihm widerspiegeln. Sie lassen dem Patienten den Raum, selbst etwas für sich zu tun, Verantwortung für die Veränderung zu übernehmen, die ihm die Kraftressourcen und das Gleichgewicht zurückgibt. Es entsteht immer etwas Neues durch bewusstes Handeln. Der Mensch kann wieder voller Energie sein Leben angehen – bis zum nächsten Signal!

Die Drawidische Ayur-Veda hat einen ganzheitlichen Anspruch, da der ganze Mensch miteinbezogen wird. In der Typologie spricht man von unterschiedlichen Temperamenten oder Lebensenergien, den sogenannten Doshas:

- Vata (Wind, Luft, Pneuma)

- Pitta (Feuer und Wasser)

- Kapha (Erde und Wasser, Phlegma)

Die Doshas sind ein Schlüsselbegriff in der Drawidischen Ayur-Veda, die die individuelle Konstitution des Menschen beschreiben und seine körperliche und geistige Funktion regulieren. Jeder Mensch wird danach mit einer ihm eigenen Konstitution geboren.

Zur Drawidischen Ayur-Veda gehört auch eine spezielle Ernährungslehre, bei der ebenfalls die Doshas eine wichtige Rolle spielen. Es gibt daher für jeden Konstitutionstyp andere Ernährungsempfehlungen.

Allgemein gilt:

- nur bei Hunger essen
- keine Zwischenmahlzeiten zu sich nehmen
- die Hauptmahlzeit mittags einnehmen
- nie in unruhiger Gemütsverfassung essen
- mindestens drei Stunden Pause zwischen den Mahlzeiten einlegen
- sich nicht völlig satt essen
- frische Lebensmittel essen
- Wasser (auch erwärmtes) und Kräutertee trinken

Nahrung wird in der Drawidischen Ayur-Veda als Information für die Doshas angesehen.

Für alle Dosha-Typen gilt in der Drawidischen Ayur-Veda gleichermaßen der Verzicht auf Fleisch. Sollte das nicht gehen, so wird zu mageren Fleischsorten wie Geflügel und zu möglichst viel Fisch geraten.

Das Symptom: Ausdruck fehlgeleiteter Energie

Die ayur-vedische Lehre geht davon aus, dass unser Organismus ein einziges Energiefeld ist. In einem gesunden Körper fließen die Energien ohne Störungen. Die sogenannten *Chakren* sind dabei Ein- bzw. Ausfallpforten der Energieströme.

Der Begriff Chakra kommt aus dem Sanskrit und beschreibt die feinstofflichen Energiezentren unseres Körpers. Er bedeutet so viel wie Rad oder Kreis, was allerdings nicht ganz passt, da man sich die Chakren eher als Energiewirbel vorstellen kann, die sich trichterförmig öffnen. Diese Wirbel befinden sich in ständig kreisender Bewegung, wodurch sie Energien einerseits aussenden, andererseits aber eben auch in die Energieeinfallspforte hineinsaugen. Dadurch findet über die Chakren ein Austausch zwischen den Energien des Menschen und den Energien des Kosmos und der feinstofflichen Welt statt.

Die Lehren gehen davon aus, dass jeder Mensch sieben sogenannte Hauptchakren besitzt:

- Wurzelchakra
- Sakralchakra
- Solarplexuschakra
- Herzschakra
- Stirnchakra
- Kronenchakra

Sie werden entsprechend ihrer Trichterform als Blütenkelche des Lotus dargestellt, wobei die Anzahl der Blütenblätter je nach Chakra variiert. Sie ist gleichzusetzen mit der Anzahl der feinstofflichen Energiekanäle, der sogenannten Nadis, die mit dem jeweiligen Chakra verbunden sind. Diese feinstofflichen Kanäle kann man in etwa mit unserem Blutkreislauf vergleichen. Statt Blut werden hier die verschiedensten Formen von Energien transportiert, die über die Chakren gesteuert werden.

Jedem der sieben Chakren sind ganz spezielle Funktionen zugeordnet, die aufeinander aufbauen. Ein Teil bezieht sich auf den menschlichen Entwicklungsprozess – vom Urvertrauen im Wurzelchakra, dessen Basis beim Kind gelegt wird, bis zur Erkenntnis des Universums im Alter, die sich im Kronenchakra spiegelt. Jedes Chakra ist zudem mit bestimmten Körperfunktionen, Organen und Drüsen verbunden, die durch die Energie dieses Chakras gesteuert und versorgt werden.

Sind alle Chakren frei von Blockaden und geöffnet, dann befindet sich auch der Mensch selbst im absoluten Gleichgewicht. Jedoch sind bei den meisten Menschen durch Erziehung und äußere sowie innere Einflüsse einige Chakren blockiert. Da sie, wie erwähnt, mit unserem Körper korrespondieren, äußert sich dies in somatischen oder psychischen Beschwerden bis hin zur Krankheit. Dabei können bestimmte Körperteile oder Organe entweder eine Konzentration an Energie (wie in einem Knoten) beinhalten, oder sie werden zu wenig mit Energie versorgt. Im ersten Fall ist das Organ bzw. der Körperteil heiß und geschwollen, es entstehen Entzündungen bis hin zu Krebs. Eine Unterversorgung mit Energie führt zu einem Mangel; Krankheiten wie Arthrose, Arteriosklerose oder Schwäche dieses Organs bzw. Körperteils sind die Folge.

Ich sehe mir bei der Erstbefragung die möglichen Ursachen für die Entstehung des Symptoms genauer an. Sie sind eigentlich (fast) immer in der Umwelt des Patienten zu finden. So hatte ich eine Patientin, die immer wieder mit unterschiedlichen Symptomen, angefangen von einer Überfunktion der Schilddrüse bis hin zu (gutartigen) Hirntumoren, bei mir war. Dahinter stand stets dasselbe Thema: Zeit ihres Lebens hatte sie in der Familie die Rolle der Ausgleichenden zwischen ihrem Vater und ihrer Mutter inne, die beide mit sehr vielen Problemen in der Ehe kämpften. In der Fachsprache nennt man dieses Ausgleichen parentifizieren, das heißt, beide Elternteile haben vom Kind erwartet, dass es ihnen als Bindungsobjekt zur Verfügung steht, weil ihr eigentlicher Partner – aus welchen Gründen auch immer – nicht in der Lage war, diese Rolle zu erfüllen. Trotz der daraus entstehenden persönlichen Nachteile versuchen viele Kinder, dieser nicht kindgerechten Rollenerwartung zu entsprechen, um weitere Verluste zu vermeiden und in der Nähe der Eltern bleiben zu können. Dieses Verhalten muss als Überlebensstrategie verstanden werden und wird somit den anderen Bedürfnissen übergeordnet.

Nach dem Tod des Vaters vor ein paar Jahren ist die Mutter bei meiner Patientin und ihrem Mann eingezogen. Sie jammert und mäkelt weiter, um Aufmerksamkeit zu bekommen, wie sie es in ihrer Ehe ein Leben lang praktiziert hat. Die Tochter wiederum befindet sich in einem permanenten Zwiespalt zwischen den eigenen Bedürfnissen, dem Wunsch, sich auch mal abzugrenzen, und ihrem schlechten Gewissen ihrer Mutter gegenüber. Aus solchen Zuständen andauernden seelischen Ungleichgewichts entstehen in der Folge ganz unweigerlich Symptome.

NLP Neurolinguistische Prozessarbeit: den Weg zum eigenen Ziel finden

NLP heißt neurolinguistisches Programmieren. Da ich persönlich den Begriff des Programmierens etwas irreführend finde, übersetze ich das P lieber mit „Prozessarbeit".

NLP wurde von Richard Bandler und John Grinder entwickelt. Sie untersuchten, wie erfolgreiche Therapeuten arbeiten, um so erfolgreich zu sein. Dabei stellte sich heraus, dass sie allesamt auf die Wahrnehmungsebenen des Klienten gehen. Das bedeutet, dass der Therapeut sich darauf einstellen muss, wie der Patient die Welt wahrnimmt, welche Werte ihm wichtig sind und auf der Basis welcher Erfahrungen er Dinge und Menschen beurteilt. Nur wenn der Therapeut mit dem Klienten in dessen „Sprache" spricht, wird dieser ihn verstehen, andernfalls erreicht er den Klienten in der Kommunikation gar nicht.

Das Schlüsselwort zu dieser klientenzentrierten Kommunikation heißt V.A.K.O.G. und bezeichnet die *5 Wahrnehmungskanäle*

V = visuell (über die Augen)

A = auditiv (über die Ohren)

K = kinästhetisch (über die Gefühlsebene)

O = olfaktorisch (über den Geruchssinn

G = gustatorisch (über den Geschmackssinn)

Bei jedem Menschen ist einer dieser Kanäle stärker ausgeprägt als die übrigen, und er erfasst und bewertet Situationen über diesen Kanal. Auf den Patienten übertragen bedeutet das, auf seine Wahrnehmungsebene zu gehen. Instrumente hierzu sind, ihn z. B. in seiner Sprache (Körpersprache, Tonalität etc.) anzusprechen und so einen Rapport, das heißt totale Verständigung zu erreichen. Mithilfe verschiedener Techniken aus dem NLP helfe ich meinem Gegenüber, sich zu öffnen und sich mit Vertrauen seinem Thema zu stellen.

Ebenso gibt es im NLP verschiedene Formate, die einem Menschen helfen, sich seiner Lebensaufgaben (wieder) bewusst zu werden, oder – was den Patienten meistens am wichtigsten ist – zu sehen, warum die Krankheit da ist und wie sie sie „wegkriegen". Dabei geht es nicht um Suggestion, sondern darum, dem Patienten die Verantwortung zurückzugeben. Der Therapeut unterstützt ihn mithilfe des NLP dabei, zu klären, warum eine Krankheit aufgetreten ist und was er selbst in seinem Leben ändern muss, um eine nachhaltige Genesung herbeizuführen und um – viel wichtiger – das Ausbrechen neuer, schlimmerer Erkrankungen zu verhindern.

Ich setze hier im Gespräch NLP-Module mit Fokus auf das Ziel ein: Der Patient erzählt seine Geschichte und sucht nach Lösungen. Ist keine zu erkennen, kann ich mit NLP und den Logischen Ebenen schauen, wo das Lösungsbild blockiert ist.

Die 7 Ebenen

Es gibt im NLP 7 Ebenen wie in der Ayur-Veda 7 Chakren:

1. **Umwelt** = Wohnebenen, soziale Ebene, tägliche Handlungen, Nahrung

2. **Verhalten** = Wie verhalte ich mich, wie die anderen? Harmonieren wir oder nicht? Wo stört mich das Verhalten der anderen, wo werde ich nicht akzeptiert?

3. **Fähigkeiten** = Wo lebe ich sie aus, wo nicht? Wo werden sie anerkannt, wo nicht? Wo kann ich sie einsetzen, wo nicht? Wie nutze ich sie?

4. **Glaube und Werte** = Was sind meine Glaubenssätze? Wo kommen sie her? Wer hat sie geprägt? Wo fördern sie mich? Wo behindern sie mich? Und sind sie sinnvoll?
Welche Werte habe ich? Sind sie sinnvoll? Wo kann ich sie erweitern und wie weit prägen sie mich? Und wo sind sie gestört?

5. **Identität** = Wer bin ich? Und was hat dazu geführt, dass ich so bin, wie ich bin? Wie weit lebe ich meine eigene Identität? Wer stört sie und wer fördert sie? Habe ich sie schon entdeckt, oder passe ich mich an die Umwelt und

ihre Forderungen an, und wenn, wie weit belastet mich das? (Beispiele: Frau, die immer nachgibt, oder Mann, der im Job dauernd buckelt und sich selbst verrät, auch im moralischen Sinne; der seine Ideale für Geld und Macht verkauft) Welchen Beruf übe ich aus, entspricht er meiner Berufung, oder dient er nur dem Gelderweb?

6. **Mission** = Zugehörigkeit. Wo geht mein Weg hin? Ist das, was ich tue, sinnvoll, und will ich so weitermachen? Ist das, was ich tue, wirklich wichtig, und nutze ich alle meine Fähigkeiten optimal aus? Habe ich einen Einklang mit meinem Innersten und mit meiner Umgebung geschaffen? Oder lebe ich nur das bequeme Leben einer mir von der Gesellschaft zugeordneten Rolle? Sich auflehnen bedeutet Widerstand und somit Schmerz und die Forderung, ehrlich zu sein. Das wiederum erfordert, dass ich zu mir stehe und mich auch mit all den verdrängten Schattenseiten in mir auseinandergesetzt habe. Tue ich das nicht, kommt alles Verdrängte unerwartet hoch, spätestens am Ende meines Lebens. Blicke ich auf eine lange Leidensgeschichte zurück, wird viel hochkommen (in den Altenheimen im Westen ist das deutlich zu merken. Nur leider werden die Menschen dort sofort mit Tabletten ruhiggestellt, sie haben auch keinen Ansprechpartner, weshalb sie immer ängstlicher und

nervöser werden. Das bedingt, dass sie noch stärker sediert werden, bis sie aufgeben und nur noch vor sich hin brabbeln oder stumpfsinnig auf den Tod warten, der ihnen dann wie eine Erlösung vorkommt).

7. **Ziel** = Habe ich meine Aufgabe auf dieser Welt gelöst, oder bin ich ihr wenigstens nahe gekommen? Was ist überhaupt meine Aufgabe? Habe ich sie schon gespürt? Viele Menschen empfinden das Leben als Bestrafung oder sehen sich in der Opferrolle: „Ich kann es nicht ändern und muss es ertragen." Auch das führt zu Krankheit. Warum glaube ich an Gott oder an eine höhere Macht oder daran, dass das Leben 60 Jahre dauert und dann im Sarg endet? Was für traurige Aussichten, wo ist das tiefere Ziel, wo die tiefste Aufgabe? Manchmal spüren Menschen das einen kurzen Augenblick, Bruchteile von Sekunden lang, und dann ist es vorbei. In schwierigen Lebenssituationen, etwa bei Tod oder schwerer Krankheit, kommt dieses Tiefste etwas zum Vorschein und macht sehr nachdenklich, oft traurig, da der Mensch merkt, wie weit er von seiner eigentlichen Aufgabe oder von seiner wahren Bestimmung entfernt ist.

Der Mensch ist auf der Welt, um zu dem ihm vorbestimmten Ziel zu gelangen, aber es ist meistens sehr schwierig, einen Weg dorthin zu erkennen. NLP hilft, diesen Weg zu sehen, nicht unbedingt, ihn zu gehen. Er ist oft lang und bedarf mehrerer Erkenntnisprozesse ähnlich wie bei einem Kind, das durch Erfahrungen die Zusammenhänge bestimmter Abläufen besser zu verstehen lernt. Aber durch gutes NLP kann dieser Weg schon mal geahnt und gesehen werden.

Timeline

Ein weiteres sehr effizientes NLP-Modul ist die bereits an anderer Stelle erwähnte Timeline-Methode (siehe Seite 39), die hilft, die Zeit zu strukturieren und innere Grenzen zu überschreiten. Sie arbeitet mit sogenannten Bodenankern, das heißt, man legt z. B. Blätter, auf denen bestimmte Ereignisse vermerkt sind, auf den Boden, um so in der Zeit auf ein auslösendes Erlebnis zurückzugehen.

Mit dieser Technik bearbeite ich Projekte, die in die Zukunft gerichtet sind: wenn jemand beispielsweise im Job eine Veränderung plant oder sich endlich einen Traum erfüllen will, wenn er schwierige Aufgaben bewältigen muss, wenn sich jemand von seinem Partner, seiner Partnerin trennen will oder auch wenn jemand die Bestätigung für eine Partnerschaft sucht. Oft setze ich sie auch bei sehr jungen Menschen ein, um sie bei ihrer Lebensplanung zu unterstützen oder einen Karriereplan zu erarbeiten. Sehr geeignet ist diese Methode, um zu erkennen, welche Fähigkeiten jemand hat und wie er sie optimal einsetzen kann: Bei welcher Tätigkeit vergisst er die Zeit – und daraus dann einen Beruf machen. Ein Kind ist so intensiv mit seiner Tätigkeit verwoben, dass es im Außen gar nichts mehr wahrnimmt. Das bedeutet totale Konzentration. Denn dann habe ich viel Freude und bin mit vollem Herzen bei meiner Arbeit, bin ausgefüllter und zufriedener. Und natürlich leistungsfähig und wieder in meiner Mitte und im Gleichgewicht.

In der westlichen Welt und mittlerweile auch im Osten wird zu sehr auf Leistung geachtet. Der Beruf wird heutzutage viel zu oft unter dem Gesichtspunkt gewählt, wie viel man dabei verdient, und nicht, ob man Freude an der Arbeit hat. Das Herz bleibt also dabei außen vor, und so werden viele Menschen krank, weil sie einer falschen Arbeit nachgehen, unglücklich und unzufrieden sind und sich durch den Tag schleppen, statt morgens aufzuwachen und sich auf den Tag zu freuen mit der Arbeit, die zwar herausfordert, aber das Herz warm macht. Denn nur so bleibt es offen.

Die systemische Strukturaufstellung: Die Mauer der Verstrickungen bröckelt

Die Patienten sagen oft: „Ich will so gern damit aufhören, aber irgendwie schaffe ich es doch immer wieder nicht." Oder: „Ich habe so viel Stress mit meinem Mann oder mit meinen Eltern. Ich will Frieden, aber irgendwie geht das nicht." Oder: „Mein kleiner Sohn übernimmt immer wieder das Verhalten meines Vaters, obwohl es ihm schadet." Das sind Aussagen, die mir zeigen, dass der Patient im System verstrickt ist. Das Wort Verstrickung bedeutet, dass wir als Kinder, die in einem System leben, aus Liebe schwere Schicksale in diesem System ausgleichen wollen. In der Hierarchie übernehmen die Kleinen das Schicksal der Großen. Uns als Erwachsenen erscheint dieses Verhalten sinnlos, doch für die Kinder ist es ein Muss. Das lässt sich in jedem System beobachten.

Damit sich ein Mensch wandeln kann, muss eine bestehende Verstrickung zuerst aufgedeckt und im zweiten Schritt aufgelöst werden. Um diese Verstrickungen bewusst zu machen, bediene ich mich der systemischen Strukturaufstellung, die in den letzten Jahren von Prof. Matthias Varga von Kibed und Insa Sparrer entwickelt wurde. Sie besagt, dass unser gesamtes Leben und Handeln auf festen Systemen basiert, die uns durch unsere Familiengeschichte quasi in die Wiege gelegt wurden.

Man stellt nun das äußere Bild eines Systems dar und verändert es, sodass eine positive Rückwirkung auf den Klienten erfolgt. Dazu sucht sich der Patient – ähnlich wie bei Hellingers Familienaufstellung – aus der Teilnehmergruppe Stellvertreter aus, die seine Familienangehörigen repräsentieren. Die Leute kennen sich untereinander nicht, und auch die Geschichte des Patienten ist nicht bekannt.

Durch das – schweigende – Aufstellen der Stellvertreter im Raum entsteht ein metaphorisches Feld, und es findet eine Übertragung statt. Der Stellvertreter empfindet plötzlich ihm unbekannte Gefühle, die denen der dargestellten Person entsprechen. Wie das Phänomen zu erklären ist, wird seit Jahrzehnten erforscht, kann aber noch nicht rational befriedigend erklärt werden. Tatsache ist, dass es in allen Systemen und Kulturen funktioniert.

Durch diese Aufstellung werden dem Patienten seine Verstrickungen aufgezeigt, und er nimmt sie ziemlich schnell wahr. Ich als Therapeut löse dann seine Verhaltensmuster durch Interventionen sprachlicher Art auf, also mit bestimmten vorgegebenen Worten und/oder durch gezieltes Fragen, oder dadurch, dass ich die Personen umstelle und damit eine neue Ordnung schaffe. Dabei verändere ich das System so lange, bis es „gut" ist. Das wirkt – wissenschaftlich erwiesen – auf das zukünftige Verhalten des Klienten.

Der Patient geht nach so einer Arbeit befreit nach Hause, und in seinem System vollziehen sich dann in bestimmten Zeitintervallen Veränderungen, die sich auf alle im System positiv auswirken. Ich mache übrigens zu diesem Thema eine Studie: die Wirkung einer Aufstellung auf das System und ihre Wirkung über einen bestimmten Zeitraum hinweg. Sehr interessant.

Die Ausbildung für diese therapeutische Arbeit ist langwierig und schwierig. Und um wirksame Lösungen herbeizuführen, ist langes Üben unbedingt notwendig.

Wie ist ein Ausbruch aus alten Mustern möglich? Wir sehen bei einer Aufstellung quasi unsere Lebenssituation als Außenstehender, wie in einem Theaterstück oder in einem Film. Andere Menschen (die wir in der Regel vorab nicht kennen) stellen unsere Situation dar, empfinden unsere tiefsten Gefühle, reagieren, wie wir reagieren. Erstaunlicherweise wirkt genau deshalb das Geschehene und Erlebte auf unser Unbewusstsein und kann so grundlegende Änderungen unserer Verhaltensweisen bewirken. Diese Veränderungen treten nicht augenblicklich und schlagartig ein, sondern die Mauer bröckelt quasi Stein für Stein – allerdings unaufhaltsam. Er/sie befreit sich somit aus alten Verstrickungen und Verhaltensmustern — die Wandlung ist möglich (siehe hierzu auch Insa Sparrer, „Systemische Strukturaufstellung", Carl-Auer-Verlag 2006). Menschen, die bewusst leben und sich nicht ihrem Schicksal bzw. System ergeben wollen, können über eine systemische Aufstellung erstaunliche, teilweise radikale Veränderungen erzielen. Wichtig ist aber vor allem zu verstehen, dass eine systemische Strukturaufstellung niemals anklagt, und zu wissen, dass auch niemand das Institut verlässt, wenn ihn etwas belastet, bedrückt oder traurig macht. Sollten tatsächlich in einer Aufstellungsarbeit schwierige Situationen zutage kommen, bearbeite ich sie in einem separaten Umfeld außerhalb der Gruppe weiter.

Ich begleite in meiner Praxis seit 20 Jahren Patienten mit den unterschiedlichsten psychologischen und körperlichen Problemstellungen und bin vom Erfolg der systemischen Strukturaufstellung überzeugt, denn sie wirkt auf einen Teil unseres Seins, den wir nicht manipulieren können: auf unser Unbewusstsein. Die Aufstellungsarbeit ist dabei ein wichtiger Baustein der Therapiearbeit, oft der entscheidende Part. Beispielsweise Frauen, die jahrzehntelang in unglücklichen Beziehungen leben, oder Menschen, die den Sinn in ihrem

Leben verloren glaubten, krempeln ihr Leben um, teilweise mit radikalem beruflichem Neubeginn, immer auf jeden Fall mit einer Veränderung, die einen Wandel zu einer positiveren Lebensführung mit sich bringt. Frauen, die bisher immer alles für den Partner aufgegeben haben, bekommen die Chance, sich zu verändern, sich in ihrer Partnerschaft besser durchzusetzen, für sich selbst zu arbeiten.

Hilfsmittel aus der Kinesiologie

Kinesiologie ist die Lehre von der Bewegung. Der Begriff setzt sich zusammen aus den griechischen Wörtern *kinesis* (Bewegung) und *logos* (Lehre). Die Kinesiologie erfährt nicht erst in unseren Tagen Aufmerksamkeit, sondern kann auf eine lange Tradition zurückblicken. Bereits der griechische Arzt Hippokrates wandte vor über 2000 Jahren den Muskeltest an, um neurologische Verletzungen zu untersuchen. Die Maya-Indianer nutzen dieses Wissen, um die Trinkbarkeit von Wasser auszutesten.

Zugrunde liegt der Kinesiologie das Wissen um das Zusammenspiel von Nerven, Muskeln und Knochen und deren Einfluss auf Skeletthaltung und Bewegungsabläufe. Der amerikanische Chiropraktiker John Goodheart entwickelte in den 1960er Jahren den *Muskeltest,* der ohne Zuhilfenahme von Geräten oder Apparaten am Menschen durchgeführt werden kann. Er hatte festgestellt, dass sich physische und auch psychische Zustände in der Funktion der Muskeln widerspiegeln.

Der Test wird vorzugsweise am Arm des Patienten durchgeführt, der ihn waagerecht von sich streckt. Der Behandler übt nun einen leichten Druck auf diesen Arm aus und fordert den Patienten auf, diesem Druck standzuhalten. In bestimmten Fällen gelingt das dem Patienten aber nicht, auch wenn er sich noch so sehr anstrengt. Auch eine bestimmte Frage, die ihm gestellt wird, kann dazu führen, dass der Patient den Arm halten kann oder nicht.

Auf diese Weise ist es möglich, auszutesten, ob eine bestimmte Behandlungsform oder ein Medikament dem Patienten helfen kann oder nicht. Diagnoseerstellung und Behandlungsverlauf können damit oft im Sinne des Patienten verkürzt werden.

Homöopathie und Ausleitverfahren

Homöopathie

Die von mir angewendete Homöopathie gründet sich auf eine Wissenschaft, die vor über 6000 Jahren in Indien von den Drawidinnen der Hapa-Kultur entwickelt wurde. Selbst produzierte Essenzen aus heimischen Pflanzen und Steinen waren die Grundlage dieser Heilrichtung. Genau wie in der westlichen Homöopathie wurde nach dem Ähnlichkeitsprinzip („Gleiches mit Gleichem heilen") vorgegangen. Auf eine sehr feinstoffliche Art wirken diese Arzneimittel auf die Aura und die seelische und geistige Ebene des Patienten. Schwingungen beruhigen sich, und es kommt zu einem energetischen Ausgleich. Der Mensch selbst erlebt dies als Wiederherstellung seines inneren Gleichgewichts. In der Drawidischen Ayur-Veda spricht man davon, dass sich der Körper an den Zustand der Gesundheit erinnert und somit selbst wieder ins Gleichgewicht kommen kann. Krankheit ist, wie bereits an anderer Stelle erwähnt, für die Drawidinnen nur das körperliche Symptom und damit das Zeichen dafür, dass die seelisch-geistige Ebene aus der Balance geraten ist.

In der westlichen Welt hat Dr. Samuel Hahnemann um 1800 die klassische Homöopathie begründet. Er folgte den sprachlichen Mustern seiner Patienten und erforschte Mittel im Selbstversuch. So lässt sich beispielsweise ein Mittel gegen Fieber einsetzen, das beim gesunden Menschen Fieber auslöst (eben Gleiches mit Gleichem heilen).

Durch die gleichzeitige Gabe von Blütenessenzen wird das homöopathische Mittel in seiner Wirkung unterstützt.

Blütenessenzen oder auch Bachblüten sind feinstoffliche Informationen aus einer Pflanze, die sich auf die seelische Ebene des Menschen auswirken. Beim Suchen und Pflücken der Pflanzen sowie beim Herstellen der Essenzen wendeten die Drawidinnen dasselbe Prinzip an wie später Dr. Bach aus England. Wichtiger Unterschied bei der Auswahl der Blütenessenzen ist dabei, dass die verwendeten Pflanzen aus der Umgebung des Patienten stammen müssen.

Ausleitverfahren

Unter Ausleitverfahren versteht man in der Drawidischen Ayur-Veda sämtliche Behandlungsmethoden, die bewirken, dass Körperflüssigkeiten aus dem Körper ausgeleitet werden, so z. B.

- Lymphdrainage

- Schröpfmethoden

- Baunscheidtieren (benannt nach seinem „Erfinder" Karl Baunscheidt), um die Blutzirkulationsverhältnisse zu verändern

- Aderlassen, um Blut zu entnehmen und um den Körper zur Produktion neuer Blutzellen anzuregen

- Darmspülungen, um den Darm zu entgiften und neu aufzubauen; das sehr große Schleimhautgewebe des Darms – ungefähr 200 Quadratmeter – hat Einbuchtungen, in denen sich Kotsteine bilden und ablagern können

Ausleitverfahren werden in der Naturheilmedizin häufig angewendet, obwohl sie in der klassischen Medizin heute fast in Vergessenheit geraten sind.

Hypnose

90 % unserer Wahrnehmung sind unbewusst, das heißt, der Patient nimmt viele Dinge nicht bewusst wahr. Um ihn an diese Bereiche heranzuführen, benutze ich mehrere Methoden; eine ist beispielsweise katathymes Bilderleben von Leuner (siehe auch Seite 14), abgewandelt in eine ayurvedische Form.

Dabei legt sich der Patient auf eine Liege, und in der ersten Sitzung lasse ich ihn einfache Dinge visualisieren wie z. B. eine Wiese und dann ganz genau beschreiben, wie diese Wiese aussieht und was sich darauf befindet. Das vermittelt dem Patienten ein gewisses Zutrauen, und er kann sich seinen inneren Bildern öffnen. Manchmal hat er auch ein trauriges Bild vor Augen wie etwa eine graue oder braune Wiese, auf der sonst gar nichts zu sehen ist. Dann kann ich den Patienten schnell in ein anderes Bild weiterführen, beispielsweise zu einem Berg. Das kann oft eine Lösung hervorrufen und somit die innere Bereitschaft, sich zu öffnen.

Nach diesen Bildern setze ich das Bild vom Haus (wie bei Leuner) ein, das der Patient betritt und dann detailgenau beschreibt: Räume und Möbel, den Blick aus dem Fenster, die Bilder und wer oder was darauf zu sehen ist. Damit verfüge ich über ein Werkzeug, mit dessen Hilfe ich den Patienten mit eigenen früheren Anteilen in Verbindung bringen kann wie beispielsweise mit ihm als Kind. Das hilft ihm, in der Zeit zurückzugehen, was bei ihm natürlich einen starken emotionalen Eindruck bewirkt. Oft erwacht dadurch die Bereitschaft, sich in der nächsten Stunde etwas mehr fallen zu lassen, und seltsamerweise entstehen dadurch auch mehr Bilder.

Natürlich tauchen nicht bei allen Patienten Bilder auf, sondern viele hören etwas, nehmen Farben wahr, oder Gefühle und Gedanken steigen hoch, die sofort erkannt und angenommen werden, weil sie lange verborgen, aber schon immer gewusst waren. In der Ayur-Veda sagt man, die „Schleier" lüften sich. Und mit jedem Schleier wird der innere Blick klarer. Öfter lasse ich auf eine Stunde Trance bei der nächsten Sitzung eine Stunde NLP folgen, denn ich habe die Erfahrung gemacht, dass es einigen Menschen hilft, im Wachbewusstsein und auf der Timeline (siehe Seite 39 f.) das Erleben aus der Trance zu wiederholen, zu erkennen, was es war und was der Auslöser war.

Ebenso setze ich Trance ein, um das innere Bild verändern zu können, beispielsweise beim Abnehmen. Der Körper richtet sich nach dem inneren Bild, das ich von mir habe. Wenn es mit meinem Ziel nicht übereinstimmt, helfen noch so viele Diäten nicht.

In Trance oder bei Hypnose treten oft die vielschichtigen Facetten zutage, die mein inneres Bild prägen und/oder geprägt haben. Meist ist es notwendig, längere Zeit an dieser Prägung zu arbeiten, denn ihr Ursprung liegt Jahre zurück. Alle Glaubenssätze, die wir gehört haben, die Werte, die uns vermittelt wurden, Umwelteinflüsse, Werbung, das gesamte westeuropäische Menschenbild – all das spielt eine große Rolle und prägt das optische Bild, das wir von uns haben. Es erfordert viel Kraft und auch Mut, in diesem Bereich Bewusstheit zu erlangen und sich auf Veränderungen einzulassen.

Bei vielen Patienten ist dieses Eigenbild stark gestört, und das macht sie traurig und unglücklich. Reifere Frauen sind besonders davon betroffen. Sie wollen oft dem früheren Schönheitsideal gleichen, weil sie sich darüber definiert und noch kein neues Bild fürs Älterwerden entwickelt haben.

Diese Themen sind sehr vielschichtig, und oft merke ich, dass es noch wenig Modelle für diese Gesellschaft gibt, in der die Menschen immer älter werden.

Dann setze ich Hypnose öfter bei Suchtverhalten ein. Bei der Zigarettenentwöhnung und bei all den Dingen, die ich „abstellen" will, kann auch die Methode WingWave von Cora und Harry Besser-Siegmund sehr nützlich sein. Außerdem arbeite ich mit dieser Methode, um chronische, aber auch akute Schmerzzustände umzudeuten und ihnen ein anderes Gewicht zu geben; in Kombination mit Akupunktur und Homöopathie eine sehr wirkungsvolle Methode. Der Schmerz wird anders wahrgenommen, die Wahrnehmung des Patienten verändert und der Schmerz oft auch langfristig aufgelöst.

Es ist auch sehr effektiv, dem Patienten in der Trance oder der hypnotischen Intervention ein Hilfsmittel für einen besseren Umgang mit den Schmerzen an die Hand zu geben, beispielsweise bei Schmerzen Farbe fließen zu lassen oder ihnen einen Platz zuzuordnen.

In der Ayur-Veda setzt man folgende Übung ein: Der Schmerz darf sich am Tag eine halbe Stunde lang austoben und ansonsten ist Ruhe. Oder der Schmerz bekommt einen besonderen Platz in einem Raum zugewiesen, das heißt, nur dort darf er sich zeigen und sich austoben, in den anderen Räumen nicht. Dadurch lernt das Gehirn, dass der Schmerz kontrollierbar ist. Trotzdem wird er geachtet, denn er drückt ja immer wieder einen Zustand aus, in dem der Mensch aus dem Gleichgewicht gefallen ist. Daran muss er ja den Menschen erinnern, doch sehr oft wird er mit starken Medikamenten weggedrückt, die Nebenwirkungen haben und nach einiger Zeit nicht mehr wirken, sodass die Dosis bis zu dem Punkt erhöht werden muss, an dem es nicht mehr geht und der Patient resigniert und sich aufgibt (manchmal auch bis zum Tod hin).

Ein unangenehmer Zahnschmerz z. B. lässt sich mit Hypnose so lange in den Griff bekommen, bis der Patient den Zahnarzt aufsuchen kann. Bei chronischer Arthritis und Rheumazuständen dämpft sie, und ich kann zusätzlich Phytotherapie und Bestrahlung einsetzen oder die sehr wirksamen Organpräparate. Sie werden aus der Zellinformation von ungeborenen Tieren gewonnen und regen beim Menschen das Wachstum bestimmter Gewebe an. Erhältlich sind die Präparate bei der Firma VitOrgan.

Sobald eine Veränderung eingetreten ist, ist der Patient auch viel offener dafür, sich auf eine Ernährungsumstellung und neue Verhaltensweisen einzulassen. Sie wiederum begünstigen das Ausleiten von Giftstoffen, die einem chronischen Krankheitsverlauf Vorschub leisten würden.

Oft beobachte ich, dass nur eine Körperseite von Symptomen betroffen ist. Das heißt, die meisten Symptome treten auf dieser Seite auf, und auch im Gesicht ist ein deutlicher Unterschied zwischen links und rechts zu merken. Durch hypnotische Interventionen wird dem Patienten bewusst, welchen Teil – den emotionalen oder den rationalen – er vernachlässigt und welchen er überbetont.

Ein Ausgleich schafft viel Entlastung, wobei auch hier wieder die Botschaft ist, dass steckt viel Arbeit dahintersteckt und auch die Motivation des Patienten gefragt ist; ansonsten gibt es keine Wirkung. Dabei kommt es auf die Geschicklichkeit des Therapeuten ab, ob er diese Motivation wecken kann oder nicht. Bei Einzelpatienten ist es einfacher als in einer Gruppe. Beim Einzelnen kann ich auf die ganz persönlichen Hintergründe eingehen. Bei Gruppen achte ich mehr auf das nonverbale Verhalten der Gruppenmitglieder.

Mit der Lösungsfokussierung nach Steve de Shazer – ein amerikanischer Therapeut, der in seinem Institut für Familientherapie in Milwaukee die Kurzzeittherapie entwickelt hat – arbeite ich besonders gern. Sie ist bestrebt, nur sehr wenig Zeit für das Erarbeiten einer Lösung zu brauchen, und zwar anhand einer geschickten Intervention mit Sprache. Ich habe Steve de Shazer leider nie persönlich kennengelernt, aber mir wurde erzählt, dass er ein Meister der einfachen und knapp bemessenen Worte und Interventionen gewesen sei. Und ich erlebe es selbst, dass es am wirkungsvollsten ist, wenn ich ganz wenig Worte benutze. Das gibt dem Patienten die Möglichkeit zu suchen und für sich die besten Antworten zu finden. Die Kunst ist es, abwartend zuzuhören und dabei genau zu beobachten und empathisch zu sein.

Sind dem Patienten die Antworten bewusst, kann ich auf allen 3 Ebenen arbeiten: auf der körperlichen, der seelischen und der geistigen. Eine gute Intervention ist es, den Patienten zu bitten, in einem Spiegel sein eigenes Spiegelbild zu betrachten, damit er sieht, in welchen Bereichen die Ungleichheiten zu finden sind. Danach folgt eine Trance mit aufsteigenden Bildern, die wiederum genau anzeigen, wo und wie die einzelnen Punkte entstanden sind.

Dieser Prozess ist sehr spannend und führt dazu, dass der Patient voller Motivation versucht, sein eigenes inneres Gleichgewicht zu finden. Denn es ist schon ein Unterschied, ob der Anstoß aus ihm selbst kommt oder von mir als Therapeutin. Der eigene ist bedeutend stärker, und den Patienten beglückt es, zu wissen, dass in ihm Mächte schlummern, die nur für ihn da sind. Etwas, das nur ihm gehört, das ihm hilft und Kraft gibt. Ich halte mich dabei ganz heraus und fungiere nur als Übersetzer und Sprecher des Unbewussten, wobei ich vermeiden muss, irgendwelche Interpretationen zu liefern. Die Sprache sollte offen sein, das heißt, mit dem, was ich als Therapeut sage, darf ich keine Meinungen oder Deutungen vorgeben, sondern nur die Worte des Patienten wiederholen. Z. B. sagt er: „Ich sehe ein Tal umgeben von Bergen", dann wiederhole ich diese Worte nur und achte darauf, im selben Tonfall und mit derselben Betonung zu sprechen, denn vokale Veränderungen führen sofort zu einer anderen Interpretation beim Patienten. Da ich auditiv veranlagt bin, fällt mir dieses Wiederholen leicht. Bei visuell veranlagten Therapeuten ist es eine Frage des genauen Hinhörens und des Übens. Was mir persönlich hilft, ist, auch mit ihm in eine Trance zu gehen und dabei, wenn möglich, ebenfalls die Beine auf einen Stuhl zu legen. Dadurch wird meine Stimme weicher und lässt sich somit besser modulieren.

Durch die intensive Begleitung fühlt sich der Patient beschützt, wenn bei ihm Bilder auftauchen, die ihn zum Weinen bringen; oder wird die Atmung schneller, dann begleite ich den Prozess mit Lauten wie „mm" oder „ja", und nur wenn ich den Eindruck habe, dass es zu heftig wird, schalte ich die sogenannten Hilfskräfte ein, die inneren Wächter.

Von diesen inneren Wächtern wird der Patient die ganze Zeit über begleitet. Der alte weise Mann oder die alte weise Frau und zusätzlich der Wächter des Raumes, in dem er sich gerade befindet – das alles erscheint zum Schutz, und ich frage öfter, was der Wächter sagt, und wenn er keine Antwort weiß, schalte ich die höhere Instanz ein, den alten weisen Mann. Und der weiß alles! Somit besitzt er eine gewisse

Autorität, und manchmal sagt er, dass es nun genug ist, und dann wird sein Rat auch befolgt und die Trance beendet.

Bei der nächsten Sitzung geht es oft an diesem Punkt weiter. Es erscheint dem Patienten sinnvoll, die eigene Information immer stückweise zu bekommen. So kann er sie besser verarbeiten und fühlt sich davon nicht so überrollt.

Den Wächtern stehen viele unterschiedliche Hilfsgeister zur Seite und sie verfügen über die Macht, Probleme aufzulösen. Mittel dazu sind Energiequellen und Waffen wie Macheten, Pistolen, Messer oder sich auflösende Wunderwaffen. Je nachdem ob es Mann oder Frau ist, wird an das Weltbild des anderen angelehnt.

Bei Krebspatienten benutze ich auch das Bild von der Armee, die gegen den Krebs kämpft und ihn mit Soldaten und Waffen auflöst.

Bei all diesen Prozessen hat der Patient ein Gefühl von Autonomie und wird darin bestärkt, selbst zu kämpfen. Ohne diese innere Haltung geht es nicht. Ich beobachte dabei eine immunstärkende Wirkung, und das innere Bild der Hilflosigkeit beginnt sich aufzulösen, dadurch entsteht Mut.

Natürlich ist es sehr wichtig, diesen Prozess mit Gesprächen intensiv zu begleiten, doch immer mit dem Fokus darauf, dass der Patient die Arbeit selbst machen muss. Ich diene nur als Spiegel, der reflektiert, was passiert. Dabei achte ich darauf, vollkommen wertfrei zu sein.

Das Gleiche passiert bei schwer kranken Menschen: Bei ihnen sind alle Sinne geschärft, und sie beobachten sehr genau, ob der Therapeut das, was er wahrnimmt, bestätigt oder ablehnt. Ein hoch sensibles Thema.

Diagnostik

Wenn Patienten mit körperlichen Symptomen mit mir Kontakt aufnehmen, worauf achte ich? Schon bei der Terminabsprache auf die Stimme, auf den Tonfall und die Wahl der Worte – welche gebraucht der Patient oft und was beschäftigt ihn hauptsächlich? Manche haben schon eine lange Odyssee bei Schulmedizinern hinter sich: Behandlungen, die „nichts gebracht haben". Dahinter steht oft der Wunsch, die Verantwortung abzugeben.

Patienten erstellen auch sehr eigene Diagnosen und haben Erklärungsmodelle für ihr Symptom parat, von Informationen aus der Zeitung bis hin zu erblichen Faktoren.

Im zweiten Schritt beobachte ich, wie der Patient bei mir ankommt: früh, spät, strukturiert oder hilflos, vorbereitet oder überfordert, dann wie er sich über den Hof bewegt, die Treppe hinauf und was er im Wartezimmer beobachtet. Gangbild und Körperhaltung können mir entscheidende Hinweise geben.

Im Behandlungsraum stimme ich mich in Atmung, Sprache und Körperhaltung auf die andere Person ein. Das erleichtert dem Patienten den schweren Schritt, sich zu öffnen. Durch zwanzigjähriges Training ist mir dieses Pacen in

Fleisch und Blut übergegangen. Dabei beobachte ich die Haut und ihre Färbungen, die Augen und ihre Skleren (das Weiße im Auge), was er mit den Händen tut sowie Form und Farbe der Fingernägel. Letztere können mir Aufschluss geben über eine Nieren- oder Herzschwäche, über schlechte Durchblutung oder Lymphstauungen.

Ich frage nach früheren Krankheiten, nach Operationen und nach jetzigen Symptomen, die aber nicht so schwerwiegend sind, da das Bild ganzheitlich gesehen wird. Ich arbeite heraus, wo die Schwächen und wo die energetischen Überschüsse sind. Um körperlich Linderung zu erreichen, muss ich zwischen zu viel und zu wenig den Ausgleich schaffen.

In der Diagnosesitzung frage ich auch nach, welche Krankheiten in der Familie gehäuft auftreten – das ist der systemische Ansatz.

Dann betrachte ich den seelischen Anteil, beispielsweise welche emotional belastenden Aspekte vorhanden sind und wo der Patient durch Kummer, Angst, Wut oder Resignation im Beruf, in der Familie, in der Partnerschaft, im Umfeld aus dem Gleichgewicht geraten ist. Wo ist er kongruent, das heißt, wo passen innen und außen zusammen: Worte, Glaubenssätze, Werte und Handlungen – und wo sind sie unstimmig. Etwa wenn jemand einen Beruf ausübt, weil die Eltern es so wollen oder um der Frau zu gefallen. Diese Unstimmigkeiten gibt es und sie zeigen eine bestimmte Persönlichkeitsstruktur.

Da gehe ich einen Schritt weiter auf die geistige Ebene: Wo fühlt sich der Patient geachtet und wo verleugnet er sich und Anteile seiner selbst?

Abschließend mache ich noch ein Genogramm (eine piktografische Darstellung der Familienbeziehungen), einen Stuhl- und einen Speicheltest, um die Aktivitäten im Magen-Darm-Bereich zu prüfen, und kontrolliere den Blutdruck und die wichtigsten Akupunkturpunkte.

Cognitive Rebalancing in der Praxis

Therapie der körperlichen Symptome

Die meisten Patienten finden den Weg in meine Praxis, weil sie ein rein körperliches Symptom haben, das sie einschränkt bzw. ihre Lebensqualität mindert. Hierzu muss man wissen – ich habe es eingangs bereits erwähnt –, dass in der Drawidischen Ayur-Veda das körperliche Symptom stets nur als das Signal des Körpers gesehen wird, das auf ein Ungleichgewicht auf der seelisch-geistigen Ebene hinweist. Dabei geht die Schwere der Symptome von außen nach innen, von unwichtigen zu wichtigen Organen, beispielsweise von Haar-/Nagelproblemen zu Hautproblemen, dann zu Magen, Leber, Herz und Gehirn. Erstere kann man noch herausoperieren, Letztere nicht mehr. Das heißt, der Körper wählt eine Art Eskalationsprinzip. Die Symptome arbeiten sich quasi von Schwachstelle zu Schwachstelle vor, und jeder Mensch hat eine andere. So dauert das Entstehen jeder schweren Krankheit viel länger, als sie selbst wahrgenommen wird, denn die Anfangssymptome sind ignoriert oder nicht richtig gedeutet worden. Geübte Therapeuten können bei der Anamnese Krankheiten zurückverfolgen und eine Art Verlaufskurve des Körpers skizzieren, beispielsweise vom Kopfschmerz in der Pubertät bis hin zum Schlaganfall!

Ich lasse mir vom Patienten zunächst ganz detailliert das Symptom beschreiben und gehe rein auf die körperliche Ebene ein: Der Schmerz erhält seine Aufmerksamkeit. Dann erfrage ich weitere aktuelle Symptome, denn meist gibt es einen Gegenpart im Körper, der ebenfalls reagiert, der aber zurzeit vom Patienten nicht beachtet werden kann, weil er sich zu sehr auf das Hauptsymptom konzentriert. Hieraus entsteht bereits ein Gesamtbild, das mir Hinweise auf die Ursachen gibt. Der nächste Punkt sind Ähnlichkeiten im Familiensystem, denn oft werden Krankheiten (nicht aus genetischer, sondern aus psychologischer Sicht) „vererbt". Um das Bild abzurunden, erkundige ich mich noch nach bestimmten Lebensgewohnheiten, denn auch sie verstärken oft bestimmte Symptome. Impfungen, Operationen etc. sind ebenfalls von Bedeutung, da sie traumatische Erfahrungen darstellen können, die die Seele und somit auch das Leben des Patienten beeinflussen.

Dieses Gesamtbild liefert mir häufig bereits die Erklärung und zeigt die Ursachen für das Symptom auf. Wichtig ist nun, dass ich den Patienten selbst auf den Weg bringe, das Ungleichgewicht in seinem Leben aufzuspüren. Deshalb behandle ich im ersten Schritt das körperliche Symptom, und erst wenn der Patient eine Besserung auf der körperlichen Ebene spürt, kann ich an das eigentliche Thema herangehen.

Zur Behandlung der Symptome repertorisiere ich das zuständige homöopathische Mittel. Therapeutisch setze ich alle Formen der Drawidischen Ayur-Veda ein, also Akupunktur, Bachblüten, alle Formen von Massagen, beispielsweise Akupressur, Lymphdrainage oder Bindegewebsmassage. Die Phytotherapie ist sehr wirksam bei geschwächten Organen, Bestrahlungen und Hydrotherapie dagegen, um Stoffwechselprozesse umzukehren und eine tiefe Erwärmung des Gewebes zu erreichen, beispielsweise bei Krebs. Bei Allergien helfen Bioresonanz- oder Eigenbluttherapie.

Die Liste der therapeutischen Mittel wäre schier endlos weiterzuführen und hängt jeweils sehr stark von der Gesamtsituation ab. Aber sie sind niemals isoliert zu sehen, sondern es wird immer in Verbindung mit der seelisch-geistigen Ebene gearbeitet. Dafür greife ich auf NLP-Elemente, Trance und katathymes Bilderleben zurück. Auch Fantasiereisen und Hypnose sind geeignet, um den Heilungsprozess auf der körperlichen Ebene zu unterstützen und das eigentliche Thema jetzt herauszuarbeiten.

Das Ausgleichen der Symptome schafft eine erste Entlastung. Dadurch motiviert ist der Patient bereit, sich seinen

Themen zu stellen. Da sie oft im Unbewussten verborgen liegen, arbeite ich mit Trance in Form von NLP-Elementen wie Timeline und Ähnlichem. Mit diesen Hilfsmitteln gelangen die Themen vom Unbewussten ins Bewusstsein und können bearbeitet werden. Der Patient erlebt, dass das Symptom einen Anfang hatte und dass es eine Zeit „davor" gab, die anders und oft besser war.

Wenn ich das innere Erleben verändere, so verändern sich auch der äußere Rahmen und die Umgebung. Diese Erkenntnisse sind wissenschaftlich fundierte Ergebnisse aus Forschungen im Bereich der systemischen Strukturaufstellung. Als Beispiel: Jeder kennt das Gefühl, wie man sich unterschiedlich verhält, je nachdem, ob man sich als vollwertiges Mitglied einer Gemeinschaft fühlt oder eher als Belastung. Meine Aufgabe ist es nun, dem Patienten seine Muster zu spiegeln, und er selbst beginnt dann die Veränderung zu leben, indem er sich neue Wege zu gehen traut, die ich verstärke. Der Patient erlebt dieses Neue als Gewinn. Merksatz: „Menschen wiederholen Handlungen nur, wenn sie einen eigenen Gewinn dabei erleben." – auch wenn dies von außen sehr widersprüchlich wirkt. Es gilt der NLP-Satz: „Die Landkarte ist nicht das Gebiet." Auf der körperlichen Ebene lösen sich die Symptome auf, bis sie „vergessen" werden. Das ist oft sehr beeindruckend – auch für mich als

Therapeutin nach vielen Jahren Praxis. So reagieren viele Patienten überrascht, wenn ich sie ein halbes Jahr später nach ihrem Symptom frage, sagen „Welches Symptom?" und erinnern sich erst im zweiten Moment. Das ist für mich das Zeichen, dass ein Bewusstseinsprozess eingesetzt hat, und ich beginne die Behandlungstermine weiter auseinander zu legen. Damit soll der Patient lernen, selbst Verantwortung für sein Handeln zu übernehmen. Das löst eine innere Aktivität aus, die die Motivation steigen lässt und immer mehr äußere Aktivität hervorruft. Der Patient ist stolz auf sich!

Exkurs: Quellen der Krankheit

Beispiel: Der falsche Beruf als Quelle der Krankheit

Viele meiner Patienten leiden außer an den offensichtlichen Erkrankungen, die sie zu mir in die Praxis führen, häufig unbewusst an ihrem Beruf. Stress, Hektik und hoher Druck sind oft die Kriterien, die sie benennen, wenn ich sie danach frage, was sie an ihrem Berufsalltag belastet. Dabei wird außer Acht gelassen, dass sehr viele Menschen eine Tätigkeit ausüben, die gar nicht zu ihnen passt.

Fragen wir, wie ein Mensch zu seinem heutigen Beruf gekommen ist, so erhalten wir meistens dieselben Antworten: Entweder waren bereits Vater, Mutter oder sonst ein naher Angehöriger in dieser Sparte tätig, oder es waren Umstände ausschlaggebend wie zur Verfügung stehende Ausbildungsplätze (regional betrachtet oder aufgrund der Bildungsvoraussetzung). Häufig waren die Menschen schlicht und einfach zu jung, um ihre Talente wirklich für sich entdeckt zu haben oder zu ihnen zu stehen, also sind sie bei der Berufswahl den Ratschlägen Dritter gefolgt. In den seltensten Fällen war es die wahre Leidenschaft oder gar die Berufung, die denjenigen in seinen Beruf getrieben hat. Ich selbst habe als erste Schritte ins Berufsleben etwas vollkommen anderes gemacht als heute: Ich war Fotografin und studierte Grafikdesign, bevor ich meine Berufung fand und noch einmal ganz von vorn begonnen habe.

Aus einem Gefühl der Pflichterfüllung heraus geht der Betreffende seinem Beruf über Jahrzehnte hinweg nach und entwickelt dabei wahrscheinlich sogar eine gewisse Zuneigung zu seiner Tätigkeit. Und wenn dann erst einmal private „Zwänge" wie Familie, Haus und andere Verpflichtungen hinzukommen, denken die meisten über „Berufungen" gar nicht mehr nach, sie verdienen einfach nur das Geld. Dennoch ist es so, dass ein Mensch, der nicht seine Berufung lebt, in seinem Alltag nicht die Leistung bringen kann, zu der er eigentlich fähig wäre. Der Berufsalltag wird zu einer immensen Anstrengung – gerät zu einem Kraftakt. Das Unbewusstsein kennt die eigenen Potenziale, und das unbewusste Wissen um die eigene Einschränkung führt zu Stress und Versagensängsten. In der Drawidischen Ayur-Veda spricht man von gestörten Energieströmen. Sie können sich über die Jahre hinweg schleichend zu einem echten Problem mit körperlichen Symptomen entwickeln.

Nun hört natürlich niemand gern, dass er – um wirklich gesund und im Gleichgewicht mit sich selbst zu sein – sein Leben komplett umstellen muss. Deshalb erfordert es auch eine gehörige Portion Fingerspitzengefühl und natürlich jahrelange Erfahrung, um den Patienten von seinem körperlichen Symptom bis zu seinem tiefsten Inneren zu führen. Ich will Ihnen zur Veranschaulichung das Beispiel einer Patientin schildern:

Vor ein paar Jahren kam eine junge Frau zu mir in die Praxis. Sie war von Beruf Erzieherin. Ihre Symptome waren Schlappheit, Hang zu einem leicht depressiven Verhalten, das sie sich selbst nicht erklären konnte, weil sie sich grundsätzlich für einen lebensfrohen Menschen hielt. Sie klagte darüber, dass sie selbst ein paar Tage nach einem Urlaub, den sie rein zur Erholung nutzte, wieder von derselben Schlappheit eingeholt wurde. Sie war zudem stark anfällig für Erkältungskrankheiten und Virusinfektionen. Nach einführenden Gesprächen und der vordergründigen Behandlung ihrer Symptome mit Homöopathie konnte ich relativ schnell zu den wahren Ursachen für ihren Zustand vordringen. Hierzu nutzte ich Elemente aus der systemischen Strukturaufstellung und des NLP, die ziemlich offensichtlich machten, dass tatsächlich die Berufswahl die Ursache für ihren Zustand darstellte. Gründe waren in der Familie zu finden, insbesondere im Verhältnis zu ihrer (sehr liebevollen, freundlichen) Mutter. Diese war als Säugling weggegeben und von der Großmutter großgezogen worden. Daraus resultierte, dass die Patientin kein Leben führen darf, das besser ist als das der Mutter.

Mein Ansatz war es, mit Timeline zu beginnen und dann eine Familienaufstellung durchzuführen. Parallel dazu sollte die Patientin versuchen, eine eigene Wohnung zu finden, denn sie wohnte zu Beginn der Behandlung in einer Einliegerwohnung im Haus der Eltern.

Die Patientin schien an meinen Therapiemethoden sehr interessiert, sodass wir bald mit Trancearbeit und Elementen des NLP (Timeline und logische Ebenen) neue Szenarien für ihre Zukunft entwerfen konnten. Aus der antriebslosen, leicht negativen jungen Frau wurde zusehends eine kraftvolle, dynamische und zukunftsgerichtete Frau, die bereit war, neue Wege zu gehen. Wir erarbeiteten für sie die Vision für einen neuen Beruf und einen idealen Wohnort. Heute ist sie erfolgreiche Tierheilpraktikerin, hat ihren eigenen landwirtschaftlichen Betrieb für Pferdehaltung und zwei Kinder. Sie ist gerade dabei, einen Verband für Tierheilpraktiker zu gründen, und strotzt vor Tatendrang. Die körperlichen Symptome sind nicht wieder aufgetreten.

Nun sind längst nicht alle Menschen so mutig, ihr Leben dermaßen umzukrempeln, dennoch kann das Bewusstsein für das Defizit im Leben bereits eine Menge bewirken; und eventuell lassen sich auch im bestehenden Beruf Änderungen vornehmen, die ein besseres Ausnutzen der eigenen Potenziale erlauben und damit zu mehr innerer Befriedigung führen.

Barrierenbildung

Jeder Erkenntnisprozess ist begleitet von Abwehr und Zurückweisung. Das alte Haus kenne ich, das neue noch nicht. Altbekannte Verhaltensmuster beherrsche ich, Reaktionen meiner Umwelt darauf (auch negative) sind mir bekannt und vertraut – nicht so bei neuen Verhaltensmustern.

Muster sind für uns Menschen lebenswichtig und sind daher fest in uns verankert. Wenn ich nun bei der Behandlung neue Wahrnehmungskanäle öffne, reagiert der Patient unbewusst oft mit einer Symptomverlagerung, verstärkten Träumen oder Zweifeln in kontextbezogenen Bereichen, das heißt, er zweifelt an seinem Beruf, an den von ihm erarbeiteten Erkenntnissen, ja er kann sogar die Therapie und ihren Sinn infrage stellen. Außerdem gilt der Merksatz: Je bewusster ich bin, umso mehr (Eigen-)Verantwortung trage ich, und das ist nicht immer angenehm. In der schulmedizinischen Behandlung wird der Patient angehalten, die Verantwortung für den eigenen körperlichen Zustand in die Hände des Arztes zu legen. In der Drawidischen Ayur-Veda geht es aber viel mehr darum, eigenverantwortlich Ursachen zu erforschen und Lösungswege zu finden.

Viele unserer Handlungen werden von Glaubenssätzen, Werten und Überzeugungen geprägt, z. B. „Ich komme von der Küste, da sind alle Männer stark". Sind solche Glaubenssätze positiv belegt, so stärken sie mich. Sind sie aber negativ besetzt, so behindern und blockieren sie mich, z. B. „Ich bin zu schwach, um Erfolg zu haben!" Solche Sätze können mein ganzes Leben einengen und verhindern, dass ich mich weiterentwickle.

In meiner Arbeit verwende ich Elemente aus Hypnose und NLP, um dem Patienten diese Glaubenssätze bewusst zu machen, ihn erkennen zu lassen, ob es eigene Glaubenssätze sind oder ob er sie aus dem Familiensystem übernommen hat, und wenn ja, wo und wann das passiert ist. Die Mutter beispielsweise, die sich nie traute, selbst etwas Neues anzupacken, wird oft von der Tochter im Verhalten kopiert.

Bei der Glaubenssatzarbeit setze ich auch die systemische Strukturaufstellung ein, um das oft paradoxe Verhalten des Patienten offenzulegen. Er erhält die Möglichkeit zu erkennen, dass er selbst durch sein Verhalten das Verhalten eines Familienmitglieds auszugleichen trachtet. Dabei wird eine Generation übersprungen, das heißt, ein Enkel versucht das Schicksal eines Großelternteils wiedergutzumachen. Dies nennt man eine „Wiedergutmachung im System".

Das beste Beispiel für eine Abwehrhaltung beim Patienten ist eine erneute Symptomverschiebung, das heißt, wenn der

Patient durch Innenschau, sprich: Trance und NLP, und durch äußeres Erkennen allmählich merkt, wie er seine Verhaltensmuster verändern kann, dann machen sich oft einige Symptome bemerkbar. Sie sind je nach Bewusstseinzustand mehr oder weniger schwerwiegend, z. B. treten Zahnschmerzen auf oder uralte „Baustellen" beleben sich wieder, also Symptome, die der Patient lange nicht gemerkt und die er schon vergessen hat. In der Medizin sagt man dazu auch „stumme Krankheiten". Sie brechen plötzlich auf und können innerhalb von 5 Minuten auftreten, mehr oder weniger schwerwiegend verlaufen und auch ganz schnell wieder weg sein. Oder auch nicht. Ein guter ayur-vedischer Therapeut kann über Triggerpunkte feststellen, wo noch ungeklärte Prozesse sind.

Ebenso gibt es eine Erklärung für die Barrierebildung. Das Unbewusste mag Veränderungen nicht so gern und wehrt sich erst einmal dagegen. Die Kunst für den Therapeuten ist es, den Widerstand zu erkennen und zu „utilisieren", das heißt miteinzubeziehen. Ein Beispiel: Jemand sagt an seinem Arbeitsplatz, draußen seien so laute Vogelstimmen, dann rät man demjenigen, sich vorzustellen, dass die Vogelstimmen Musiker sind, die ein bestimmtes Lied spielen. Schon ist die Wahrnehmung des Patienten verändert. Widerstand ist ein Zeichen von Bewegung und somit ein Zeichen von Entwicklung. Es gibt im NLP ein Modul, das sogenannte Reframing, das bedeutet, dass man einer Geschichte, die nicht so positiv ist, einen neuen Rahmen gibt oder ihren Inhalt verändert, während man den Rahmen beibehält. Dadurch wird die Wahrnehmung des Patienten hinsichtlich seiner Situation verändert, er erlebt sie anders, und das ist schon die Veränderung.

Das neue Ziel

Sobald dem Patienten bewusst wird, dass es Barrieren bzw. Blockaden gibt und wie er sie auflösen kann, entsteht ein sogenannter Lösungsraum. Jetzt geht es um die Fragen: Was kann ich am besten, wer bin ich? Und was will ich erreichen? Hierzu ist es wichtig, dass der Patient für sich Kongruenz zu entwickeln beginnt. So sollte etwa ein Mann, der musisch begabt ist, nicht in einem harten, männlichen Beruf arbeiten. Oder eine Frau, die ihre Kinder liebevoll und engagiert großgezogen hat, sollte für sich eine Zukunftsperspektive entwickeln, in der sie ihre Fähigkeiten optimal einsetzen kann und bei der sie Spaß hat.

Diese abschließende Arbeit sehe ich als Feinjustierung für den gesamten Prozess an. Wichtigste Voraussetzung für eine erfolgreiche Therapie ist es aber, dass der Patient alle diese Schritte in seinem Leben selbst erkennt und entwickelt. Meine Aufgabe ist es dabei, rein als Spiegel zu dienen, ohne Einfluss zu nehmen. Das ist sehr schwierig und bedarf langer Erfahrung und eines langjährigen Trainings, denn es liegt in der Natur des Menschen, zu interpretieren und steuern zu wollen. Diese Neutralität muss ich mir als Therapeut unbedingt bewahren, sonst kann der Patient die Ergebnisse nicht voll und ganz leben. Spiegeln heißt in diesem Zusammenhang, ich zeige dem anderen, was er macht, und lasse ihn selbst entscheiden, welchen Weg er gehen will. Dazu setze ich sehr gern das katathyme Bilderleben ein, von dem ich an anderer Stelle bereits gesprochen habe (siehe Seite 51 f.). Bei dieser Behandlung, die von Prof. Dr. Leuner entwickelt wurde (die ursprünglich aber bereits in der Drawidischen Ayur-Veda zu finden ist), geht der Patient in Trance und sucht seine inneren Räumen auf, z. B. den Raum der Gegenwart oder den Raum der Träume. Jeder dieser inneren Räume hat einen Wächter, der aufpasst, dass der Patient nicht irgendwie Schaden nimmt. Mit diesen Wächtern kann ich als Therapeut verbal kommunizieren. Sie schlagen auch Lösungen und Wege vor. Oft hat ein Wächter Helfer, die ihm zuarbeiten. Interessant ist, dass der Therapeut nur führt, aber dass alle Lösungen direkt vom Patienten selbst kommen, und das sehr schnell. Wenn der Patient dann aus der Trance zurückkehrt, ist er selbst oft erstaunt darüber, was er alles gesagt hat. Es ist eine klare Zusammenfassung dessen, was zu geschehen hat und wo das Problem liegt. Ich bringe dem Patienten auch bei, wie er zu Hause für sich Kontakt zu seinem Wächter aufnehmen kann. Das ist für den Patienten eine wichtige Erfahrung, denn er erkennt, dass er selbst etwas tun kann. Besonders bei Krankheiten wie etwa Krebs. Denn hier fühlt sich der Patient oft ohnmächtig und ausgeliefert, weil da etwas in seinem Körper wächst, ganz von selbst und ohne dass er darüber eine Kontrolle hätte. Mithilfe des Cognitive Rebalancing entsteht aber auf einmal ein Gegenpol. Der Patient erhält die Möglichkeit, zu erkennen, woher die Schwäche kommt, was die Auslöser sind, und er spürt, dass durch das Visualisieren mehr Kraft entsteht. Ist der Mensch motiviert, so schafft er für sich eine Lösung.

Am Ende der Behandlung erarbeite ich dann noch mit dem Patienten beim sogenannten Öko-Check, wer in seinem System von all den Veränderungen noch beeinflusst werden würde und ob sie auch niemandem schaden würden. Diese abschließende Arbeit ist sehr wichtig, denn der Patient kann sich noch so tolle Pläne zurechtlegen, sie müssen auch umsetzbar und für ALLE Betroffenen vorteilhaft sein, sonst kann es nicht funktionieren. Ich kann nur erfolgreich in einen neuen Job starten, wenn ich den alten ordentlich verabschiede. Unser Verhalten ist geprägt vom Gewinndenken.

Beim Öko-Check zeigt sich schnell, ob die Veränderung funktioniert und was dagegen sprechen könnte. Und auch das können wir dann wieder „löschen" durch die Methoden, die oben beschrieben wurden (NLP, Trance, Hypnose etc.)

Zum Nachlesen

Dieses Kapitel ist ausdrücklich kein Literaturverzeichnis, sondern eine Zusammenstellung von Literaturangaben zu grundlegenden Basiswerken und weiterführenden Texten aus den Bereichen NLP, Strukturaufstellungen, Familientherapie und Hypnotherapie. Die Zusammenstellung erhebt keinen Anspruch auf Vollständigkeit und ist nur als Anregung für diejenigen gedacht, die tiefer in das Thema einsteigen wollen.

Die Drawidische Ayur-Veda wurde vor mehr als 6.000 Jahren von Frauen in Südindien entwickelt und hat seitdem die Heilkunst anderer Völker beeinflusst. Informationen zu dieser Form der Heilkunst finden sich in den *Veden* und in der Palmblattbibliothek von Trivandrum in Südindien.

Bandler, R. und Grinder, J. (2010 neu übersetzt): Metasprache und Psychotherapie: Die Struktur der Magie I, Paderborn (Junfermann)

Besser-Siegmund, C. und H. (2010): wingwave-Coaching – Wie der Fügelschlag eines Schmetterlings, Paderborn, (Junfermann)

Erickson, M., Rossi, E. und Rossi, S. (2013): Hypnose – Induktion, Therapeutische Anwendung, Beispiele, Stuttgart (Klett-Cotta)

Dilts, R. (2006, 5. Aufl.): Die Veränderung von Glaubenssystemen, Paderborn (Junfermann)

Gilligan, S. (2014): Generative Trance – Kreativen Flow erleben, Paderborn (Junfermann)

Leuner, H. (2012, 4. Aufl.): Katathym imaginative Psychotherapie – Grundstufe – Mittelstufe – Oberstufe, Bern (Hans Huber)

Satir, V. (2013, 21. Aufl.): Selbstwert und Kommunikation - Familientherapie für Berater und zur Selbsthilfe, Stuttgart (Klett-Cotta)

de Shazer, S. (2012, 3. Aufl.): Worte waren ursprünglich Zauber, Heidelberg, (Carl-Auer)

de Shazer, S. und Dolan, Y. (2015): Mehr als ein Wunder – Die Kunst der lösungsorientierten Kurzzeittherapie, Heidelberg, (Carl-Auer)

Sparrer, I. (2010, 2. Aufl.): Einführung in Lösungsfokussierung und Systemische Strukturaufstellungen, Heidelberg (Carl-Auer)

Sparrer, I. (2006): Systemische Strukturaufstellungen: Theorie und Praxis, Heidelberg (Carl-Auer)

Sparrer, I. und Varga von Kibéd, M. (2010): Klare Sicht im Blindflug – Schriften zur Systemischen Strukturaufstellung, Heidelberg (Carl-Auer)

Varga von Kibéd, M. und Sparrer, I. (2014, 8. Aufl.): Ganz im Gegenteil: Tetralemmaarbeit und andere Grundformen Systemischer Strukturaufstellungen - für Querdenker, und solche die es werden wollen, Heidelberg (Carl-Auer)

Über die Autorin

Cornelia Labandowsky wurde 1953 in Würzburg als Tochter eines Arztes und Psychoanalytikers und einer Künstlerin geboren. Sie studierte an der Technischen Hochschule Bournemouth/England Fotografie und Filmproduktion und hatte später ein eigenes Studio in London. Nach dem Tod der Mutter ging sie als Kriegsfotografin in den Nahen Osten.

Mit der Geburt ihres Sohnes begann für Cornelia Labandowsky die Suche nach dem Sinn ihres Daseins, und so ließ sie sich zur Physiotherapeutin ausbilden. Während ihrer Arbeit in verschiedenen Krankenhäusern gewann sie erste Erkenntnisse über die Zusammenhänge zwischen Familienverhältnissen und Krankheiten, speziell Krebs. Dies war ein erster Zugang, sie ließ sich in einer 4-jährigen Ausbildung zur systemischen Familientherapeutin ausbilden.

Parallel begann ihr Interesse für Heilverfahren anderer Kulturen zu wachsen, und es folgten Ausbildungen in Drawidischer Ayur-Veda und koreanischer Handakupunktur. 1995 machte sie ihren Heilpraktiker und gründete ihre Praxis und eine Schule, in der sie die erlernten Heilverfahren weitergibt. In den folgenden Jahren setzte sie sich intensiv mit hypnotischen Therapien und verschiedenen Verfahren der systemischen Strukturaufstellung auseinander und absolvierte parallel die NLP-Ausbildung bis zum NLP-Lehrtrainer. In dieser Zeit entwickelte sich aus den Erfahrungen mit ihren Patienten das Bedürfnis, die verschiedenen Verfahren so miteinander zu verknüpfen, dass dem Patienten langfristig geholfen wird. Das Cognitive Rebalancing war geboren!

Cornelia Labandowsky

Heute ist sie Leiterin des Instituts für ganzheitliche Heilverfahren (IGH Sonnenhof), ist Mitglied im DVNLP, und ihr Institut ist eines der wenigen in Deutschland, das in die

Reihen der IN-Institute aufgenommen wurde. Aufgrund Ihrer fundierten Ausbildung und ihrer langjährigen therapeutischen Erfahrung wurde ihr das Europäische Zertifikat für Psychotherapie (ECP) verliehen. Sie ist Mitglied im Deutschen Verband für Psychotherapie (DVP), im Europäischen Verband für Psychotherapie (EAP) und im Europäischen Verband für Familientherapie (EFTA).

Im IGH Sonnenhof bietet Cornelia Labandowsky regelmäßig systemische Strukturaufstellungen an. Die Hofstrukturaufstellungen sind ein besonderes Aufstellungsformat für landwirtschaftliche Betriebe, das sie selbst entwickelt hat. Außerdem leitet sie NLP- und Coachingkurse und gibt ihr heilkundliches Wissen aus der Drawidischen Ayur-Veda in ihren Seminaren weiter.